RATUS POCHE

COLLECTION DIRIGÉE PAR JEANINE ET JEAN GUION

Ralette fait du judo

Ralette, drôle de chipie

- Ralette au feu d'artifice
- Ralette fait des crêpes
- Ralette fait du camping
- Ralette fait du judo
- La cachette de Ralette
- Une surprise pour Ralette
- Le poney de Ralette
- Ralette, reine du carnaval
- Ralette, la super-chipie !
- Joyeux Noël, Ralette !
- Ralette, reine de la magie
- Ralette n'a peur de rien
- Mais où est Ralette ?
- Ralette et les tableaux rigolos
- Les amoureux de Ralette
- L'idole de Ralette
- Ralette au bord de la mer
- Ralette et l'os de dinosaure

© Hatier Paris 2003, ISSN 1259 4652, ISBN 978-2-218-74538-6

Ralette fait du judo

Une histoire de Jeanine et Jean Guion
illustrée par Luiz Carlos Catani

HATIER

Ratounet
Lili
Raldo
Ralette

Les personnages de l'histoire

À l'école, la maîtresse annonce : 1

– La semaine prochaine, nous ferons une classe de judo.

Tout le monde applaudit. Surtout 2
Ralette. Elle se penche vers sa voisine et chuchote :

– Après, au judo, je serai aussi forte que Raldo.

Quelle ceinture Raldo veut-il mettre ?

Le lundi matin, un moniteur de judo arrive, une grosse valise à la main.

Il apporte des kimonos et des 3
ceintures blanches pour les élèves. 4

Mais Raldo ne veut pas mettre de ceinture blanche.

– Moi, je suis ceinture bleue, dit-il
fièrement. 5

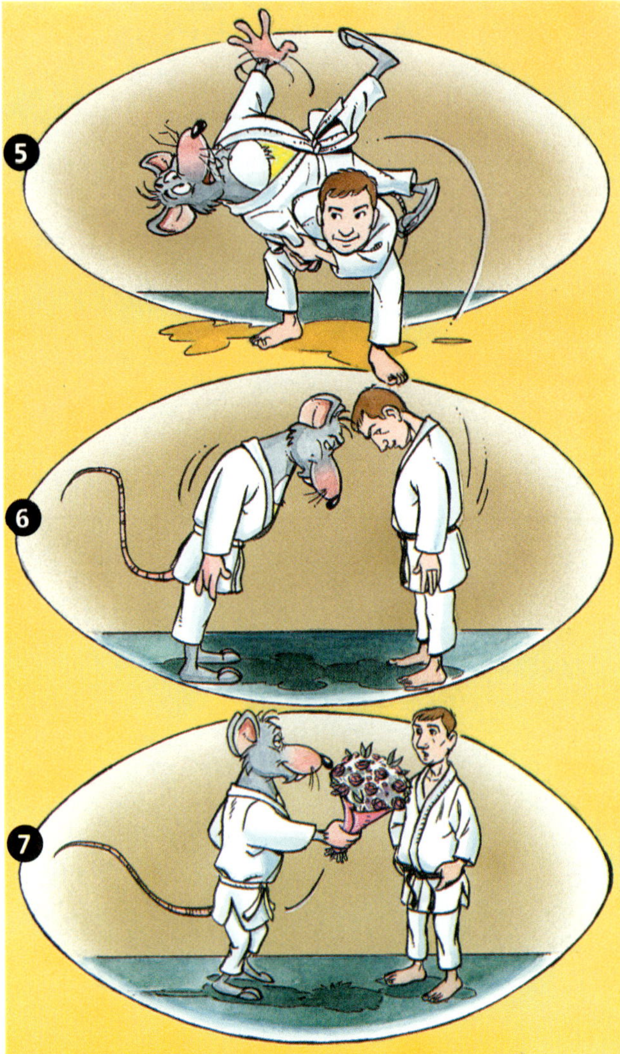

•••••

Que font d'abord Raldo et le moniteur ?

Le moniteur ne croit pas Raldo.

– Montre-moi ce que tu sais faire,
dit-il en souriant.

Et tous les deux se saluent, comme 6
on le fait au judo avant de commencer
un combat. 7

Le moniteur fait une prise à Raldo 8
qui tombe sur le tapis et se relève
aussitôt.

Qui va aider le moniteur ?

À son tour, Raldo attrape le moniteur par la manche et le fait tomber.

– Bravo ! dit celui-ci. Tu es très fort au judo. Tu vas m'aider.

Le moniteur sépare les élèves en deux groupes. Il dit à Raldo :

– Tu t'occuperas des élèves qui sont avec Ralette et Ratounet. Apprends-leur à saluer et à tomber sans se faire mal.

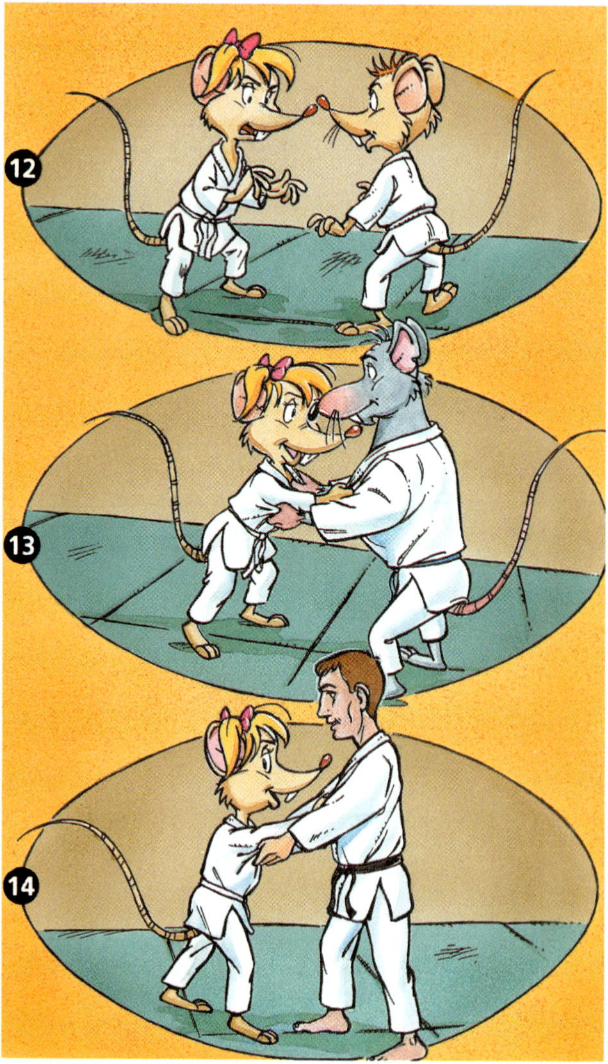

••••••

En face de qui Ralette se met-elle ?

La maîtresse félicite Raldo. Les 10
élèves crient :

– Hourra ! Vive Raldo, notre
deuxième professeur de judo ! 11

– Ah, non ! dit Ralette, je n'veux
pas. C'est un faux moniteur. 12

Mais Raldo ne l'écoute pas. Il dit à ses élèves de se placer deux par deux pour se saluer. Ralette se met en face de Ratounet.

Quelle prise Raldo fait-il à Ralette ?

Raldo est gentil. Tous ses copains 13
l'écoutent, sauf Ralette qui grogne :

– Je veux un vrai moniteur. Raldo, c'est un faux ! Un faux et un zéro !

Là, Raldo s'énerve. Il l'attrape par la 14
manche de son kimono en disant :

– Je vais t'apprendre à tomber.

Et il la fait passer par-dessus son épaule.

– Aïe ! aïe ! hurle Ralette. 15

– Tu l'as bien cherché, dit la maîtresse.

Quelle ceinture Raldo veut-il donner à Ralette ?

À la fin de la semaine, les élèves de
Raldo ont bien travaillé. Ils sont aussi 16
forts que les élèves du moniteur.

– Vous avez tous mérité votre ceinture jaune, annonce la maîtresse.

– Pas Ralette, dit Raldo. Elle ne m'a jamais écouté.

Et il ajoute pour se moquer d'elle :

– Je pense que mademoiselle mérite
une ceinture de dentelle ! 17

Comment Ralette a-t-elle fait tomber Raldo ?

Raldo n'a pas le temps de
comprendre ce qui lui arrive. Ralette
se précipite sur lui et lui donne un 18
coup de pied derrière le genou en 19
disant :

– Ça, c'est pour la ceinture de
dentelle !

Raldo ne s'y attendait pas. Il perd
l'équilibre et tombe. 20

– Ce n'est pas du vrai judo ! dit-il en
se relevant, furieux.

Et il se met en position de combat. 21

Quelle prise Ralette fait-elle à Raldo ?

Mais Ralette est souple et rapide.
Elle attrape Raldo par le kimono. En
s'aidant de la jambe droite, elle le fait
basculer sur le côté. Raldo ne 22
connaissait pas cette prise. À nouveau,
il se retrouve au tapis !

– Au judo, dit Ralette, les petits
peuvent être plus forts que les gros !

Tout le monde l'applaudit.

Raldo se relève, ahuri : il ne 23
comprend pas comment Ralette a
pu gagner contre lui.

Tous les soirs, qu'est-ce que Ralette a fait avec Lili ?

À la sortie du cours de judo, Lili est venue attendre Ralette.

– Alors, ça a marché ? demande la fouine.

– Très bien, répond Ralette. Je n'ai pas dit que tu m'as montré une prise secrète et que je me suis entraînée tous les soirs avec toi !

Et voilà pourquoi le pauvre Raldo se demande encore comment Ralette a pu le battre au judo.

Au judo, le débutant porte une ceinture blanche.
Voici l'ordre des couleurs jusqu'au plus fort :

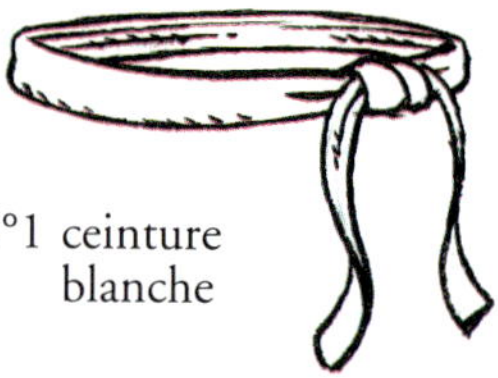
N°1 ceinture blanche

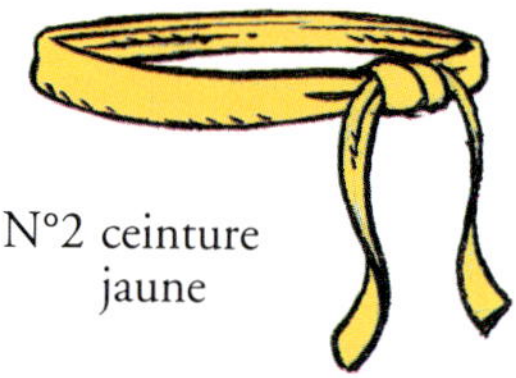
N°2 ceinture jaune

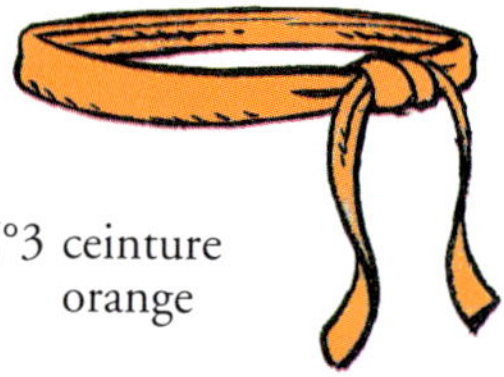
N°3 ceinture orange

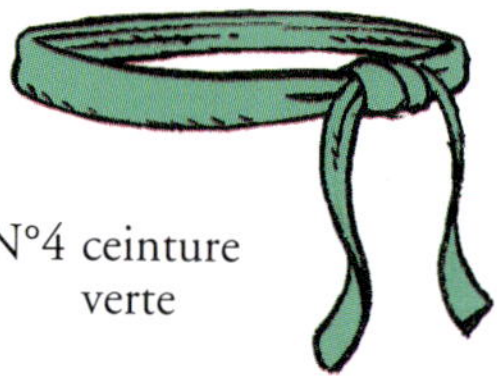
N°4 ceinture verte

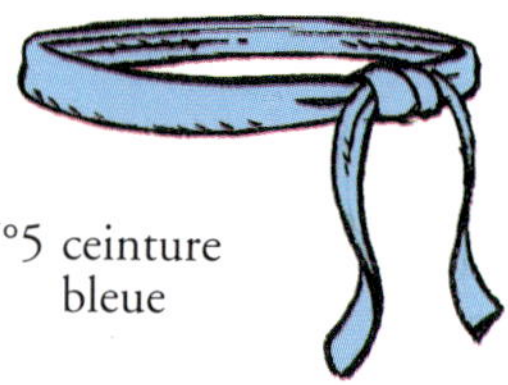
N°5 ceinture bleue

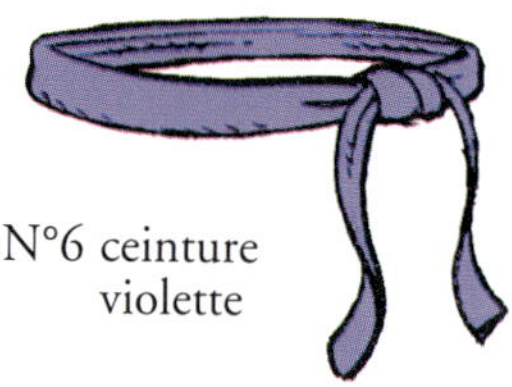
N°6 ceinture violette

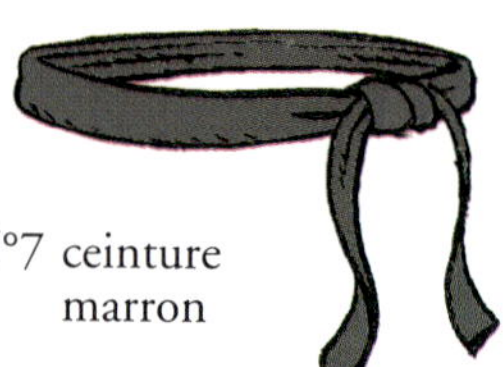
N°7 ceinture marron

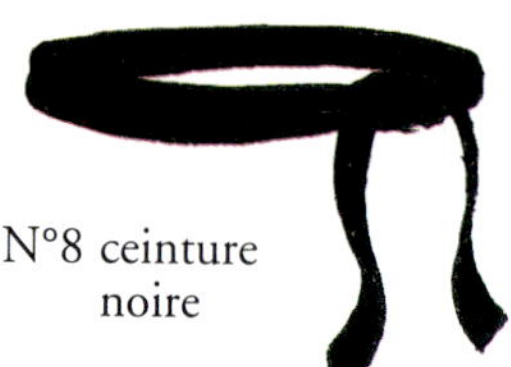
N°8 ceinture noire

1

la **maîtresse**
(on prononce :
mè-trè-se)

elle **annonce**
(on prononce :
a-non-se)
Elle dit.

2

on **applaudit**
(on prononce :
a-plo-di)

3

un **kimono**

4

des **ceintures**
(on prononce :
sin-tu-re)

5

fièrement
Raldo est content
de lui.

6

ils **se saluent**
(on prononce :
sa-lu)

7
un **combat**
Au judo, c'est la lutte entre deux personnes.

8
il fait une **prise**
Il prend Raldo pour le faire tomber.

9
apprends
(on prononce : *a-pran*)

10
elle **félicite**
Elle dit à Raldo que c'est bien.

11
deuxième
(on prononce : *deu-ziè-me*)

12
un **faux**
Ce n'est pas un vrai moniteur.

13
gentil
(on prononce : *jan-ti*)

14
il **s'énerve**
Il se met en colère.

15
elle **hurle**
(on prononce : *ur-le*)
Elle crie très fort.

16
travaillé
(on prononce : *tra-va-ié*)

17
dentelle
C'est un tissu très fin, où l'on voit les fils, avec des bords en forme de dents.

18
elle **se précipite**
Elle se jette sur Raldo.

19
pied
(on prononce : *pié*)

20
il perd l'**équilibre**

21
en **position**
(on prononce : *po-zi-si.on*)
Raldo se prépare à combattre Ralette.

22
basculer
On bascule quand on va tomber.

23
ahuri
Raldo est très surpris.

Les aventures du rat vert

- 1 Le robot de Ratus
- 3 Les champignons de Ratus
- 6 Ratus raconte ses vacances
- 8 Ratus et la télévision
- 15 Ratus se déguise
- 19 Les mensonges de Ratus
- 21 Ratus écrit un livre
- 23 L'anniversaire de Ratus
- 26 Ratus à l'école du cirque
- 29 Ratus et le sapin-cactus
- 36 Ratus et le poisson-fou
- 40 Ratus et les puces savantes
- 46 Ratus en ballon
- 47 Ratus père Noël
- 50 Ratus à l'école
- 54 Un nouvel ami pour Ratus
- 57 Ratus et le monstre du lac
- 1 Ratus chez le coiffeur
- 2 Ratus et les lapins
- 9 Ratus aux sports d'hiver
- 13 Ratus pique-nique
- 23 Ratus sur la route des vacances
- 27 La grosse bêtise de Ratus
- 38 Ratus chez les robots
- 41 Ratus à la ferme
- 46 Ratus champion de tennis
- 56 Ratus et l'œuf magique
- 8 La classe de Ratus en voyage
- 12 Ratus en Afrique
- 16 Ratus et l'étrange maîtresse
- 26 Ratus à l'hôpital
- 29 Ratus et la petite princesse
- 31 Ratus et le sorcier
- 33 Ratus gardien de zoo
- 47 En vacances chez Ratus

Les aventures de Mamie Ratus

- 7 Le cadeau de Mamie Ratus
- 39 Noël chez Mamie Ratus
- 3 Les parapluies de Mamie Ratus
- 8 La visite de Mamie Ratus
- 31 Le secret de Mamie Ratus
- 5 Les fantômes de Mamie Ratus

Ralette, drôle de chipie

- 10 Ralette au feu d'artifice
- 11 Ralette fait des crêpes
- 13 Ralette fait du camping
- 18 Ralette fait du judo
- 22 La cachette de Ralette
- 24 Une surprise pour Ralette
- 28 Le poney de Ralette
- 38 Ralette, reine du carnaval
- 45 Ralette, la super-chipie !
- 51 Joyeux Noël, Ralette !
- 56 Ralette, reine de la magie
- 4 Ralette n'a peur de rien
- 6 Mais où est Ralette ?
- 20 Ralette et les tableaux rigolos
- 44 Les amoureux de Ralette
- 48 L'idole de Ralette
- 11 Ralette au bord de la mer
- 34 Ralette et l'os de dinosaure

Collection Ratus Poche

Les histoires de toujours

- 27 Icare, l'homme-oiseau
- 32 Les aventures du chat botté
- 35 Les moutons de Panurge
- 37 Le malin petit tailleur
- 41 Histoires et proverbes d'animaux
- 49 Pégase, le cheval ailé
- 26 Le cheval de Troie
- 32 Arthur et l'enchanteur Merlin
- 36 Gargantua et les cloches de Notre-Dame
- 43 La légende des santons de Provence
- 49 Les malheurs du père Noël
- 52 À l'école de grand-père
- 21 L'extraordinaire voyage d'Ulysse
- 27 Robin des Bois, prince de la forêt
- 36 Les douze travaux d'Hercule
- 40 Les folles aventures de Don Quichotte
- 46 Les mille et une nuits de Shéhérazade
- 49 La malédiction de Toutankhamon
- 50 Christophe Colomb et le Nouveau Monde

Super-Mamie et la forêt interdite

- 42 Super-Mamie et le dragon
- 43 Le Noël magique de Super-Mamie
- 44 Les farces magiques de Super-Mamie
- 48 Le drôle de cadeau de Super-Mamie
- 39 Super-Mamie, maîtresse magique
- 42 Au secours, Super-Mamie !
- 45 Super-Mamie et la machine à rétrécir
- 50 Super-Mamie, sirène magique
- 57 Super-Mamie, dentiste royale
- 37 Le mariage de Super-Mamie
- 39 Super-Mamie s'en va-t-en guerre !

L'école de Mme Bégonia

- 11 Drôle de maîtresse
- 14 Au secours, le maître est fou !
- 16 Le tableau magique
- 25 Un voleur à l'école
- 33 Un chien à l'école
- 47 Bonjour, madame fantôme !

La classe de 6^e

- 14 La classe de 6e et les hommes préhistoriques
- 17 La classe de 6e tourne un film
- 24 La classe de 6e au Futuroscope
- 30 La classe de 6e découvre l'Europe
- 35 La classe de 6e et les extraterrestres
- 42 La classe de 6e et le monstre du Loch Ness
- 44 La classe de 6e au Puy du Fou
- 48 La classe de 6e contre les troisièmes

Collection Ratus Poche

Les imbattables

- 54 La rentrée de Manon
- 58 Barnabé est amoureux !
- 55 Le chien de Quentin

Baptiste et Clara

- 30 Baptiste et le requin
- 35 Baptiste et Clara contre le vampire
- 37 Baptiste et Clara contre le fantôme
- 40 Clara et la robe de ses rêves
- 51 Clara et le secret de Noël
- 53 Les vacances de Clara
- 59 Clara fait du cinéma
- 22 Baptiste et Clara contre l'homme masqué
- 32 Baptiste et le complot du cimetière
- 38 Clara superstar
- 41 Clara et le garçon du cirque
- 43 Clara, reine des fleurs
- 45 Clara et le cheval noir

Les enquêtes de Mistouflette

- 9 Mistouflette et le trésor du tilleul
- 30 Mistouflette sauve les poissons
- 34 Mistouflette et les chasseurs
- 5 Mistouflette et les tourterelles en danger
- 24 Mistouflette enquête au pays des oliviers
- 1 Mistouflette contre les voleurs de chiens
- 7 Mistouflette et la plante mystérieuse

Francette top secrète

- 52 Mystère à l'école
- 53 Drôle de momie !
- 55 Mission Noël

Conception graphique couverture : Pouty Design
Conception graphique intérieur : Jean Yves Grall • mise en page : Atelier JMH

Imprimé en France par Pollina, 84500 Luçon - n°46603
Dépôt légal n° 34983 - Avril 2008